Name of Bird: _____

Scientific Name: _____

Date: _____   Time: _____

Location: _____

Weather: _____   Season: _____

Bird Location: ☐ Air   ☐ Tree
               ☐ Ground   ☐ Other: _____

☐ Size   ☐ Sound   Description
☐ Markings   ☐ Action
☐ Colors   ☐ Nest/Eggs   _____
☐ Wings   _____
☐ Tail   _____
☐ Beak   _____

_____
_____
_____
_____
_____

              _____
              _____
              _____
              _____
              _____

Sketch

Notes
_____
_____
_____
_____
_____
_____
_____
_____

Name of Bird: _____

Scientific Name: _____

Date: _____ Time: _____

Location: _____

Weather: _____ Season: _____

Bird Location: ☐ Air   ☐ Tree
               ☐ Ground   ☐ Other: _____

☐ Size   ☐ Sound   Description
☐ Markings   ☐ Action
☐ Colors   ☐ Nest/Eggs   _____
☐ Wings   _____
☐ Tail   _____
☐ Beak   _____

_____
_____
_____
_____
_____

              _____
              _____
              _____
              _____
              _____

Sketch

Notes

Name of Bird: _____

Scientific Name: _____

Date: _____ Time: _____

Location: _____

Weather: _____ Season: _____

Bird Location: ☐ Air ☐ Tree
☐ Ground ☐ Other: _____

☐ Size ☐ Sound
☐ Markings ☐ Action
☐ Colors ☐ Nest/Eggs
☐ Wings
☐ Tail
☐ Beak

Description

Sketch

Notes

_____
_____
_____
_____

_____
_____
_____
_____

Name of Bird: _____

Scientific Name: _____

Date: _____ Time: _____

Location: _____

Weather: _____ Season: _____

Bird Location: ☐ Air ☐ Tree
                ☐ Ground ☐ Other: _____

Description

☐ Size ☐ Sound
☐ Markings ☐ Action
☐ Colors ☐ Nest/Eggs
☐ Wings
☐ Tail
☐ Beak

_____

_____

_____

_____

_____

_____

_____

_____

_____

_____

_____

Sketch

Notes

Name of Bird: _____

Scientific Name: _____

Date: _____ Time: _____

Location: _____

Weather: _____ Season: _____

Bird Location: ☐ Air   ☐ Tree
               ☐ Ground   ☐ Other: _____

Description

☐ Size   ☐ Sound
☐ Markings ☐ Action
☐ Colors   ☐ Nest/Eggs
☐ Wings
☐ Tail
☐ Beak

Sketch

Notes

Name of Bird: _____

Scientific Name: _____

Date: _____   Time: _____

Location: _____

Weather: _____   Season: _____

Bird Location: ☐ Air   ☐ Tree
              ☐ Ground   ☐ Other: _____

☐ Size   ☐ Sound   Description
☐ Markings ☐ Action
☐ Colors   ☐ Nest/Eggs   _____
☐ Wings   _____
☐ Tail   _____
☐ Beak   _____

Sketch

Notes

Name of Bird: _____

Scientific Name: _____

Date: _____ Time: _____

Location: _____

Weather: _____ Season: _____

Bird Location: ☐ Air   ☐ Tree
               ☐ Ground   ☐ Other: _____

☐ Size   ☐ Sound   Description
☐ Markings   ☐ Action
☐ Colors   ☐ Nest/Eggs   _____
☐ Wings
☐ Tail   _____
☐ Beak   _____

_____
_____
_____
_____
_____
_____
_____
_____

Sketch

Notes

Name of Bird: _____

Scientific Name: _____

Date: _____　　Time: _____

Location: _____

Weather: _____　　Season: _____

Bird Location: ☐ Air　　☐ Tree
　　　　　　　 ☐ Ground　☐ Other: _____

☐ Size　　　☐ Sound
☐ Markings　☐ Action
☐ Colors　　☐ Nest/Eggs
☐ Wings
☐ Tail
☐ Beak

Description

_____

_____

_____

_____

_____

_____

_____

_____

_____

_____

_____

_____

Sketch

Notes

Name of Bird: _____

Scientific Name: _____

Date: _____ Time: _____

Location: _____

Weather: _____ Season: _____

Bird Location: ☐ Air   ☐ Tree
               ☐ Ground   ☐ Other: _____

☐ Size   ☐ Sound   **Description**
☐ Markings   ☐ Action
☐ Colors   ☐ Nest/Eggs
☐ Wings
☐ Tail
☐ Beak

_____

_____

_____

_____

_____

_____

_____

_____

_____

_____

Sketch

Notes

Name of Bird: _____

Scientific Name: _____

Date: _____ Time: _____

Location: _____

Weather: _____ Season: _____

Bird Location: ☐ Air   ☐ Tree
               ☐ Ground ☐ Other: _____

☐ Size   ☐ Sound   **Description**
☐ Markings ☐ Action
☐ Colors   ☐ Nest/Eggs   _____
☐ Wings   _____
☐ Tail   _____
☐ Beak   _____

_____
_____
_____
_____
_____
_____
_____
_____
_____

Sketch

Notes

_____
_____
_____
_____
_____
_____
_____
_____
_____

Name of Bird: _____

Scientific Name: _____

Date: _____ Time: _____

Location: _____

Weather: _____ Season: _____

Bird Location: ☐ Air   ☐ Tree
               ☐ Ground ☐ Other: _____

☐ Size   ☐ Sound   Description
☐ Markings   ☐ Action
☐ Colors   ☐ Nest/Eggs
☐ Wings
☐ Tail
☐ Beak

Sketch

Notes

Name of Bird: _____

Scientific Name: _____

Date: _____ Time: _____

Location: _____

Weather: _____ Season: _____

Bird Location: ☐ Air   ☐ Tree
               ☐ Ground ☐ Other: _____

Description

- ☐ Size
- ☐ Markings
- ☐ Colors
- ☐ Wings
- ☐ Tail
- ☐ Beak

- ☐ Sound
- ☐ Action
- ☐ Nest/Eggs

Sketch

Notes

_____
_____
_____
_____

_____
_____
_____
_____

Name of Bird: _____
Scientific Name: _____
Date: _____   Time: _____
Location: _____
Weather: _____   Season: _____
Bird Location: ☐ Air   ☐ Tree
               ☐ Ground   ☐ Other: _____

☐ Size   ☐ Sound   Description
☐ Markings   ☐ Action
☐ Colors   ☐ Nest/Eggs   _____
☐ Wings   _____
☐ Tail   _____
☐ Beak   _____

_____
_____
_____
_____
_____
              _____
              _____
              _____
              _____
              _____

Sketch

Notes

Name of Bird: _____
Scientific Name: _____
Date: _____   Time: _____
Location: _____
Weather: _____   Season: _____
Bird Location: ☐ Air   ☐ Tree
               ☐ Ground   ☐ Other: _____

☐ Size   ☐ Sound   Description
☐ Markings   ☐ Action
☐ Colors   ☐ Nest/Eggs   _____
☐ Wings   _____
☐ Tail   _____
☐ Beak   _____

_____
_____
_____
_____
_____
                   _____
                   _____
                   _____
                   _____
                   _____

Sketch

Notes

Name of Bird: _____

Scientific Name: _____

Date: _____ Time: _____

Location: _____

Weather: _____ Season: _____

Bird Location: ☐ Air   ☐ Tree
               ☐ Ground   ☐ Other: _____

☐ Size   ☐ Sound   Description
☐ Markings ☐ Action
☐ Colors   ☐ Nest/Eggs
☐ Wings
☐ Tail
☐ Beak

Sketch

Notes

Name of Bird: _____

Scientific Name: _____

Date: _____   Time: _____

Location: _____

Weather: _____   Season: _____

Bird Location: ☐ Air   ☐ Tree
               ☐ Ground   ☐ Other: _____

☐ Size   ☐ Sound   Description
☐ Markings ☐ Action
☐ Colors   ☐ Nest/Eggs   _____
☐ Wings   _____
☐ Tail   _____
☐ Beak   _____

_____
_____
_____
_____
_____

                 _____
                 _____
                 _____
                 _____
                 _____

Sketch

Notes

Name of Bird: _____

Scientific Name: _____

Date: _____ Time: _____

Location: _____

Weather: _____ Season: _____

Bird Location: ☐ Air   ☐ Tree
               ☐ Ground   ☐ Other: _____

☐ Size   ☐ Sound   Description
☐ Markings   ☐ Action
☐ Colors   ☐ Nest/Eggs
☐ Wings   _____
☐ Tail   _____
☐ Beak   _____

_____
_____
_____
_____

_____
_____
_____
_____
_____

Sketch

Notes

Name of Bird: _____

Scientific Name: _____

Date: _____ Time: _____

Location: _____

Weather: _____ Season: _____

Bird Location: ☐ Air   ☐ Tree
                ☐ Ground   ☐ Other: _____

☐ Size   ☐ Sound   Description
☐ Markings   ☐ Action
☐ Colors   ☐ Nest/Eggs   _____
☐ Wings   _____
☐ Tail   _____
☐ Beak   _____

_____
_____
_____
_____
_____

_____
_____
_____
_____
_____

Sketch

Notes

Name of Bird: _____

Scientific Name: _____

Date: _____ Time: _____

Location: _____

Weather: _____ Season: _____

Bird Location: ☐ Air   ☐ Tree
               ☐ Ground   ☐ Other: _____

☐ Size   ☐ Sound   Description
☐ Markings ☐ Action
☐ Colors   ☐ Nest/Eggs
☐ Wings   _____
☐ Tail   _____
☐ Beak   _____

_____

_____

_____

_____

_____

                _____

                _____

                _____

                _____

Sketch

Notes

_____
_____
_____
_____

_____
_____
_____
_____

Name of Bird: _____

Scientific Name: _____

Date: _____ Time: _____

Location: _____

Weather: _____ Season: _____

Bird Location: ☐ Air   ☐ Tree
               ☐ Ground ☐ Other: _____

☐ Size   ☐ Sound   Description
☐ Markings ☐ Action
☐ Colors   ☐ Nest/Eggs   _____
☐ Wings   _____
☐ Tail   _____
☐ Beak   _____

_____
_____
_____
_____
_____

              _____
              _____
              _____
              _____
              _____

Sketch

Notes

Name of Bird: _____

Scientific Name: _____

Date: _____ Time: _____

Location: _____

Weather: _____ Season: _____

Bird Location: ☐ Air   ☐ Tree
               ☐ Ground ☐ Other: _____

☐ Size   ☐ Sound   Description
☐ Markings ☐ Action
☐ Colors   ☐ Nest/Eggs
☐ Wings
☐ Tail
☐ Beak

Sketch

Notes

Name of Bird: _____

Scientific Name: _____

Date: _____ Time: _____

Location: _____

Weather: _____ Season: _____

Bird Location: ☐ Air ☐ Tree
☐ Ground ☐ Other: _____

☐ Size ☐ Sound
☐ Markings ☐ Action
☐ Colors ☐ Nest/Eggs
☐ Wings
☐ Tail
☐ Beak

Description

_____

_____

_____

_____

_____

_____

_____

_____

_____

_____

_____

_____

_____

Sketch

Notes

Name of Bird: _____

Scientific Name: _____

Date: _____ Time: _____

Location: _____

Weather: _____ Season: _____

Bird Location: ☐ Air ☐ Tree
☐ Ground ☐ Other: _____

Description

☐ Size ☐ Sound
☐ Markings ☐ Action
☐ Colors ☐ Nest/Eggs
☐ Wings
☐ Tail
☐ Beak

Sketch

Notes

Name of Bird: _____

Scientific Name: _____

Date: _____ Time: _____

Location: _____

Weather: _____ Season: _____

Bird Location: ☐ Air   ☐ Tree
               ☐ Ground ☐ Other: _____

☐ Size   ☐ Sound
☐ Markings ☐ Action   Description
☐ Colors   ☐ Nest/Eggs
☐ Wings   _____
☐ Tail   _____
☐ Beak   _____

Sketch

Notes

Name of Bird: _____

Scientific Name: _____

Date: _____ Time: _____

Location: _____

Weather: _____ Season: _____

Bird Location: ☐ Air   ☐ Tree
               ☐ Ground   ☐ Other: _____

☐ Size   ☐ Sound   Description
☐ Markings   ☐ Action
☐ Colors   ☐ Nest/Eggs   _____
☐ Wings
                                _____
☐ Tail
             _____
☐ Beak
             _____

_____

_____

_____

_____

_____

                       _____

                       _____

                       _____

                       _____

                       _____

Sketch

Notes

Name of Bird: _____

Scientific Name: ___._____

Date: _____   Time: _____

Location: _____

Weather: _____   Season: _____

Bird Location: ☐ Air   ☐ Tree
               ☐ Ground   ☐ Other: _____

☐ Size   ☐ Sound   Description
☐ Markings ☐ Action
☐ Colors   ☐ Nest/Eggs   _____
☐ Wings   _____
☐ Tail   _____
☐ Beak   _____

_____
_____
_____
_____
_____
                           _____
                           _____
                           _____
                           _____
                           _____

Sketch

Notes

Name of Bird: _____

Scientific Name: _____

Date: _____   Time: _____

Location: _____

Weather: _____   Season: _____

Bird Location: ☐ Air   ☐ Tree
                ☐ Ground   ☐ Other: _____

☐ Size   ☐ Sound   Description
☐ Markings   ☐ Action
☐ Colors   ☐ Nest/Eggs
☐ Wings
☐ Tail
☐ Beak

Sketch

Notes

Name of Bird: _____

Scientific Name: _____

Date: _____ Time: _____

Location: _____

Weather: _____ Season: _____

Bird Location: ☐ Air   ☐ Tree
               ☐ Ground   ☐ Other: _____

Description

☐ Size   ☐ Sound
☐ Markings ☐ Action
☐ Colors   ☐ Nest/Eggs
☐ Wings
☐ Tail
☐ Beak

_____
_____
_____
_____
_____
_____
_____
_____
_____
_____
_____
_____

Sketch

Notes

Name of Bird: _____

Scientific Name: _____

Date: _____ Time: _____

Location: _____

Weather: _____ Season: _____

Bird Location: ☐ Air   ☐ Tree
               ☐ Ground ☐ Other: _____

Description

☐ Size   ☐ Sound
☐ Markings ☐ Action
☐ Colors   ☐ Nest/Eggs
☐ Wings
☐ Tail
☐ Beak

_____
_____
_____
_____
_____
_____
_____
_____
_____
_____
_____
_____
_____

Sketch

Notes

Name of Bird: _____

Scientific Name: _____

Date: _____ Time: _____

Location: _____

Weather: _____ Season: _____

Bird Location: ☐ Air   ☐ Tree
               ☐ Ground   ☐ Other: _____

☐ Size   ☐ Sound   Description
☐ Markings ☐ Action
☐ Colors   ☐ Nest/Eggs
☐ Wings
☐ Tail
☐ Beak

Sketch

Notes

Name of Bird: _____

Scientific Name: _____

Date: _____ Time: _____

Location: _____

Weather: _____ Season: _____

Bird Location: ☐ Air   ☐ Tree
               ☐ Ground ☐ Other: _____

☐ Size   ☐ Sound
☐ Markings ☐ Action
☐ Colors   ☐ Nest/Eggs
☐ Wings
☐ Tail
☐ Beak

Description

_____

_____

_____

_____

_____

_____

_____

_____

_____

_____

_____

_____

Sketch

Notes

Name of Bird: _____

Scientific Name: _____

Date: _____ Time: _____

Location: _____

Weather: _____ Season: _____

Bird Location: ☐ Air   ☐ Tree
              ☐ Ground   ☐ Other: _____

☐ Size   ☐ Sound   Description
☐ Markings ☐ Action
☐ Colors   ☐ Nest/Eggs   _____
☐ Wings   _____
☐ Tail   _____
☐ Beak   _____

_____
_____
_____
_____

              _____
              _____
              _____
              _____
              _____

Sketch

Notes

Name of Bird: _____

Scientific Name: _____

Date: _____ Time: _____

Location: _____

Weather: _____ Season: _____

Bird Location: ☐ Air   ☐ Tree
               ☐ Ground ☐ Other: _____

☐ Size   ☐ Sound
☐ Markings ☐ Action
☐ Colors   ☐ Nest/Eggs
☐ Wings
☐ Tail
☐ Beak

Description

_____

_____

_____

_____

_____

_____

_____

_____

_____

_____

_____

_____

Sketch

Notes

Name of Bird: _____

Scientific Name: _____

Date: _____ Time: _____

Location: _____

Weather: _____ Season: _____

Bird Location: ☐ Air ☐ Tree
              ☐ Ground ☐ Other: _____

☐ Size   ☐ Sound
☐ Markings ☐ Action
☐ Colors   ☐ Nest/Eggs
☐ Wings
☐ Tail
☐ Beak

Description

_____

_____

_____

_____

_____

_____

_____

_____

_____

_____

_____

_____

Sketch

Notes

Name of Bird: _____

Scientific Name: _____

Date: _____   Time: _____

Location: _____

Weather: _____   Season: _____

Bird Location: ☐ Air   ☐ Tree
               ☐ Ground   ☐ Other: _____

Description

☐ Size   ☐ Sound
☐ Markings ☐ Action
☐ Colors   ☐ Nest/Eggs
☐ Wings
☐ Tail
☐ Beak

_____
_____
_____
_____
_____
_____
_____
_____
_____
_____

Sketch

Notes

_____
_____
_____
_____

_____
_____
_____
_____

Name of Bird: _____

Scientific Name: _____

Date: _____ Time: _____

Location: _____

Weather: _____ Season: _____

Bird Location: ☐ Air   ☐ Tree
                ☐ Ground   ☐ Other: _____

☐ Size   ☐ Sound   Description
☐ Markings   ☐ Action
☐ Colors   ☐ Nest/Eggs   _____
☐ Wings   _____
☐ Tail   _____
☐ Beak   _____

_____
_____
_____
_____
_____
_____
_____
_____

Sketch

Notes

Name of Bird: _____

Scientific Name: _____

Date: _____ Time: _____

Location: _____

Weather: _____ Season: _____

Bird Location: ☐ Air   ☐ Tree
               ☐ Ground ☐ Other: _____

☐ Size   ☐ Sound
☐ Markings ☐ Action
☐ Colors   ☐ Nest/Eggs
☐ Wings
☐ Tail
☐ Beak

Description

_____

_____

_____

_____

_____

_____

_____

_____

_____

_____

_____

_____

_____

Sketch

Notes

Name of Bird: _____

Scientific Name: _____

Date: _____ Time: _____

Location: _____

Weather: _____ Season: _____

Bird Location: ☐ Air   ☐ Tree
               ☐ Ground ☐ Other: _____

☐ Size   ☐ Sound   Description
☐ Markings ☐ Action
☐ Colors   ☐ Nest/Eggs   _____
☐ Wings   _____
☐ Tail   _____
☐ Beak   _____

_____
_____
_____
_____
_____

            _____
            _____
            _____
            _____

Sketch

Notes

Name of Bird: _____

Scientific Name: _____

Date: _____ Time: _____

Location: _____

Weather: _____ Season: _____

Bird Location: ☐ Air   ☐ Tree
               ☐ Ground   ☐ Other: _____

☐ Size   ☐ Sound   Description
☐ Markings ☐ Action
☐ Colors   ☐ Nest/Eggs   _____
☐ Wings   _____
☐ Tail   _____
☐ Beak   _____

_____
_____
_____
_____
_____
_____
_____
_____
_____

Sketch

Notes

Name of Bird: _____

Scientific Name: _____

Date: _____ Time: _____

Location: _____

Weather: _____ Season: _____

Bird Location: ☐ Air   ☐ Tree
               ☐ Ground ☐ Other: _____

☐ Size   ☐ Sound
☐ Markings ☐ Action
☐ Colors   ☐ Nest/Eggs
☐ Wings
☐ Tail
☐ Beak

Description

_____

_____

_____

_____

_____

_____

_____

_____

_____

_____

_____

_____

_____

Sketch

Notes

Name of Bird: _____

Scientific Name: _____

Date: _____   Time: _____

Location: _____

Weather: _____   Season: _____

Bird Location: ☐ Air   ☐ Tree
                ☐ Ground   ☐ Other: _____

Description

☐ Size   ☐ Sound
☐ Markings   ☐ Action
☐ Colors   ☐ Nest/Eggs
☐ Wings
☐ Tail
☐ Beak

_____

_____

_____

_____

_____

_____

_____

_____

_____

_____

_____

_____

Sketch

Notes

Name of Bird: _____

Scientific Name: _____

Date: _____ Time: _____

Location: _____

Weather: _____ Season: _____

Bird Location: ☐ Air   ☐ Tree
               ☐ Ground   ☐ Other: _____

☐ Size   ☐ Sound
☐ Markings   ☐ Action
☐ Colors   ☐ Nest/Eggs
☐ Wings
☐ Tail
☐ Beak

Description

_____

_____

_____

_____

_____

_____

_____

_____

_____

_____

_____

_____

Sketch

Notes

Name of Bird: _____

Scientific Name: _____

Date: _____ Time: _____

Location: _____

Weather: _____ Season: _____

Bird Location: ☐ Air   ☐ Tree
               ☐ Ground   ☐ Other: _____

Description

☐ Size   ☐ Sound
☐ Markings ☐ Action
☐ Colors   ☐ Nest/Eggs
☐ Wings
☐ Tail
☐ Beak

Sketch

Notes

Name of Bird: _____

Scientific Name: _____

Date: _____ Time: _____

Location: _____

Weather: _____ Season: _____

Bird Location: ☐ Air   ☐ Tree
               ☐ Ground   ☐ Other: _____

☐ Size   ☐ Sound   **Description**
☐ Markings   ☐ Action
☐ Colors   ☐ Nest/Eggs
☐ Wings
☐ Tail
☐ Beak

Sketch

Notes

Name of Bird: _____

Scientific Name: _____

Date: _____ Time: _____

Location: _____

Weather: _____ Season: _____

Bird Location: ☐ Air   ☐ Tree
               ☐ Ground   ☐ Other: _____

☐ Size   ☐ Sound   Description
☐ Markings ☐ Action
☐ Colors   ☐ Nest/Eggs
☐ Wings
☐ Tail
☐ Beak

Sketch

Notes

Name of Bird: _____
Scientific Name: _____
Date: _____ Time: _____
Location: _____
Weather: _____ Season: _____
Bird Location: ☐ Air   ☐ Tree
               ☐ Ground   ☐ Other: _____

Description

☐ Size   ☐ Sound
☐ Markings ☐ Action
☐ Colors   ☐ Nest/Eggs
☐ Wings
☐ Tail
☐ Beak

Sketch

Notes

Name of Bird: _____

Scientific Name: _____

Date: _____ Time: _____

Location: _____

Weather: _____ Season: _____

Bird Location: ☐ Air   ☐ Tree
              ☐ Ground   ☐ Other: _____

Description

☐ Size   ☐ Sound
☐ Markings ☐ Action
☐ Colors   ☐ Nest/Eggs
☐ Wings
☐ Tail
☐ Beak

Sketch

Notes

Name of Bird: _____

Scientific Name: _____

Date: _____ Time: _____

Location: _____

Weather: _____ Season: _____

Bird Location: ☐ Air   ☐ Tree
              ☐ Ground   ☐ Other: _____

Description

☐ Size   ☐ Sound
☐ Markings ☐ Action
☐ Colors   ☐ Nest/Eggs
☐ Wings
☐ Tail
☐ Beak

_____

_____

_____

_____

_____

_____

_____

_____

_____

_____

_____

_____

_____

Sketch

Notes

Name of Bird: _____

Scientific Name: _____

Date: _____ Time: _____

Location: _____

Weather: _____ Season: _____

Bird Location: ☐ Air   ☐ Tree
               ☐ Ground ☐ Other: _____

☐ Size   ☐ Sound   **Description**
☐ Markings ☐ Action
☐ Colors   ☐ Nest/Eggs   _____
☐ Wings   _____
☐ Tail   _____
☐ Beak   _____

_____

_____

_____

_____

_____

_____

_____

_____

_____

Sketch

Notes

_____
_____
_____
_____
_____
_____
_____
_____

Name of Bird: _____

Scientific Name: _____

Date: _____ Time: _____

Location: _____

Weather: _____ Season: _____

Bird Location: ☐ Air   ☐ Tree
               ☐ Ground ☐ Other: _____

☐ Size   ☐ Sound   Description
☐ Markings   ☐ Action
☐ Colors   ☐ Nest/Eggs   _____
☐ Wings   _____
☐ Tail   _____
☐ Beak   _____

_____
_____
_____
_____

_____
_____
_____
_____
_____

Sketch

Notes

Name of Bird: _____

Scientific Name: _____

Date: _____   Time: _____

Location: _____

Weather: _____   Season: _____

Bird Location: ☐ Air   ☐ Tree
               ☐ Ground   ☐ Other: _____

☐ Size   ☐ Sound   Description
☐ Markings ☐ Action
☐ Colors   ☐ Nest/Eggs   _____
☐ Wings
                            _____
☐ Tail
            _____
☐ Beak
            _____

_____

_____

_____

_____

                    _____

                    _____

                    _____

                    _____

                    _____

Sketch

Notes

Name of Bird: _____

Scientific Name: _____

Date: _____ Time: _____

Location: _____

Weather: _____ Season: _____

Bird Location: ☐ Air   ☐ Tree
               ☐ Ground ☐ Other: _____

Description

☐ Size   ☐ Sound
☐ Markings ☐ Action
☐ Colors   ☐ Nest/Eggs
☐ Wings
☐ Tail
☐ Beak

Sketch

Notes
_____
_____
_____
_____
_____
_____
_____
_____
_____